この世にありえない神秘の力や奇跡――

これを人間の業《わざ》で実現してみせるところが

ディズニーだ。

Walt Disney（本文より）

ウォルト・ディズニー「感動を与える魔法」の秘密

大川隆法
Ryuho Okawa

本霊言は、2012年7月28日(写真上・下)、幸福の科学総合本部にて、
質問者との対話形式で公開収録された。

まえがき

ウォルト・ディズニーは若い頃、貧《まず》しくて、ボロアパートの破れた壁の穴から出入りするネズミにまでバカにされているようで、みじめだった。ある時、一条の光が「逆転の発想」として彼の頭に射《さ》し込んだ。「そうだ。この嫌われ者のネズミを世界一の人気者にしてみよう。」これが「魔法」の始まりだった。

貧しいことや無名であることは、失敗の条件ではなく、むしろ成功へのスプリング・ボードである。

ひらめき、アイデア、人を愛する心、細部へのこだわり、リピーターをつかむコツ。本書でディズニーが説いているすべてのことが、成功への鍵である。

さあ、あなたなら、本書一冊から、一体何個アイデアを手に入れられるか。成功人間へと変身しよう。

二〇一四年　二月二十五日

幸福《こうふく》の科学《かがく》グループ創始者兼総裁《そうししゃけんそうさい》　大川隆法《おおかわりゅうほう》

『ウォルト・ディズニー
「感動を与える魔法」の秘密』目次

ウォルト・ディズニー「感動を与える魔法」の秘密

二〇二一年七月二十八日　ウォルト・ディズニーの霊言
東京都・幸福の科学総合本部にて

「霊言現象《れいげん》」とは、あの世の霊存在の言葉を語り下ろす現象のことをいう。これは高度な悟《さと》りを開いた者に特有のものであり、「霊媒現象《れいばい》」（トランス状態になって意識を失い、霊が一方的にしゃべる現象）とは異なる。外国人霊の霊言の場合には、霊言現象を行う者の言語中枢《ちゅうすう》から、必要な言葉を選び出し、日本語で語ることも可能である。

なお、「霊言」は、あくまでも霊人の意見であり、幸福の科学グループとしての見解と矛盾《むじゅん》する内容を含《ふく》む場合がある点、付記しておきたい。

ウォルト・ディズニー
「感動を与える魔法」の秘密

2012年7月28日　ウォルト・ディズニーの霊言
東京都・幸福の科学総合本部にて

ウォルト・ディズニー（一九〇一～一九六六）

ミッキーマウスの生みの親であり、ディズニーランドの創設者。アメリカのシカゴに生まれる。十九歳で最初のアニメを創作。二十二歳で、兄のロイと共に、現在のウォルト・ディズニー・カンパニーを立ち上げ、「白雪姫《しらゆきひめ》」「シンデレラ」などのアニメ作品を次々と世に送り出した。一九五五年には、世界初のテーマパーク「ディズニーランド」を開設。その多彩《たさい》な活躍《かつやく》により、同社の多角的なエンターテインメント事業の基礎《きそ》を築いた。

質問者 ※質問順

斎藤《さいとう》哲秀《てっしゅう》（幸福の科学指導研修担当 兼 精舎活動推進担当専務理事）

三宅《みやけ》早織《さおり》（幸福の科学理事 兼 精舎活動推進局長）

［役職は収録時点のもの］

1 ウォルト・ディズニーを招霊《しょうれい》する

大川隆法　（質問者二人がミッキーマウスとミニーマウスのコスチュームをそれぞれ頭に着けているのを見て）参《まい》りました。それで来ましたか（会場笑）。私は、ティンカー・ベルの時計とブローチを着けてきましたが、これでは勝てないかも（笑）。

幸福の科学の精舎《しょうじゃ》では、今、夏休み企画《きかく》として、『ウォルト・ディズニー成功の秘密』特別公案《こうあん》研修を開催《かいさい》していますが、霊言《れいげん》もあったほうがよいだろうと思います。今日からやっているそうなので、〝至急便〟でやったほうがよいでしょう。※

※ウォルト・ディズニー霊示の七つの公案を参究《さんきゅう》する研修。巻末の「幸福の科学の精舎研修」参照。

ただ、英語で霊言を行うと、野暮《やぼ》になって長くなるため、できれば日本語で頑《がん》張《ば》りたいと思います。東京ディズニーランドを開いている以上、日本語で霊言をする〝義務〟はあるでしょう。万一、日本語がうまくなかったなら、私のほうで同時通訳をしますが、今日は、できるだけ無駄《むだ》を省《はぶ》いて頑張りたいと思います。

ウォルト・ディズニーは、全世界の人が知っているので、説明する必要がほとんどないぐらいの方でしょう。子供たちに夢を与《あた》えた偉大《いだい》な「アニメ事業の創設者」であり、大人には、一人の人間としての成功の仕方を教えてくれたところがあります。

また、事業体・企業体としてのディズニーランドは、不況期であっても勝ち続ける企業として、注目に値《あたい》する企業です。ほかのところがどんどん潰《つぶ》れていくなかで、独《ひと》り勝ちし続けている状態ですが、「なぜ強いのか」という秘密に迫《せま》れたなら、子供から大人まで、得るものはとても多いのではないでしょうか。

今日は、〝遊び心〟のある方が質問に立つとのことなので、私のほうで十分に応じ切れるかどうかは分かりません。一応、私も、ティンカー・ベルの時計とティンカー・ベルのブローチを着けてきました。あらゆる事態を想定し、この程度の〝資本投下〟はして準備しているわけです。何事も、物事は準備が大事かと思います。

それでは、呼んでみます。英語らしい言葉が出そうになったら、強制的に日本語に変えたいと思います。

東京ディズニーランド（1983年開園）と東京ディズニーシー（2001年開園）。年間2500万人以上が来場する、日本で最も人気のあるテーマパーク。

（合掌《がっしょう》し、瞑目《めいもく》する）

ディズニーランドやディズニー映画等の創始者、あるいは創業者であるウォルト・ディズニーさんを、幸福の科学総合本部に招霊《しょうれい》したいと思います。

子供たちに夢を与え、希望を与え、また、世界の人たちにディズニーの世界をお開きになったウォルト・ディズニーさん。どうか、幸福の科学総合本部に降りたまいて、われらに、「ディズニーの魔法」と言いますか、「成功の秘訣《ひけつ》」、あるいは、「楽しみのつくり方」等をご指導願えれば幸いです。

ウォルト・ディズニーの光、流れ入る。ウォルト・ディズニーの光、流れ入る。

ウォルト・ディズニーの光、流れ入る、流れ入る、流れ入る。

ウォルト・ディズニーの光、流れ入る。ウォルト・ディズニーの光、流れ入る、

流れ入る、流れ入る、流れ入る、流れ入る。

ウォルト・ディズニーの光、流れ入る、流れ入る、流れ入る、流れ入る、流れ入る、流れ入る。

（約十五秒間の沈黙《ちんもく》）

2

ディズニーファンになることが「若返りの秘訣《ひけつ》」!?

★ミッキーマウスの役を取れる人は、百人に一人もいない

ディズニー　ウン？　ウン？

斎藤　こんにちは。

ディズニー　アア。キミ、雇《やと》ッタカナァ？（以後、やや英語訛《なま》りの日本語が続く）君ね、ミッキー（の役）は、やっぱり、選び抜《ぬ》かれた人じゃないとなれないんだよ（会場笑）。候補者は数多くいるが、ミッキーを取れる人って、なかなかねえ、そりゃ、百人に一人もいないんだよ。「そのキャラクター」と「運動神経」、それから「サービス精神」「子供たちに対する優しさ」、そういうものがなきゃ駄目《だめ》なんだなあ。君、大丈夫《だいじょうぶ》？

斎藤　はい（笑）（会場笑）。

ディズニー　ミッキーは大役だよ。

斎藤　選択肢《せんたくし》から漏《も》れて、失礼しました（笑）（会場笑）。

ディズニー　ああ……。

斎藤　話の腰《こし》を折ってすみませんが、今年（二〇一二年）はウォルト・ディズニー生誕百十周年でした。百十周年、おめでとうございます（拍手《はくしゅ》）。心からお祝い申し上げます（会場拍手）。

ディズニー　宗教団体で「おめでとうございます」って言われても……（笑）。何だか変な感じだな。喜んでいいのかなあ。

斎藤　はい。こちら、幸福の科学総合本部……。

ディズニー　（笑）君も、よくやるねえ。

斎藤　（笑）（会場笑）

ディズニー　年は幾《いく》つだね？　ええ？　もう、子供もいるんだろう？

斎藤　これ（頭に着けているコスチューム）は、ウォルト・ディズニー様への敬意を示しております。

ディズニー　ああ。

斎藤　ミッキーマウスをはじめとするディズニーのキャラクターが、全世界で、人々の心に夢と希望を与《あた》えてくださっておりますので、それに対する感謝御礼《おんれい》、尊敬の念を込めています。

ディズニー　私もＰＲに努めなければならないので、呼ばれたら、そらあ、タダで宣伝できるものは何でもやるよ。

幸福の科学の信者は増えていくんだろう？　ディズニーランドに来なさい。

斎藤　はい。みんなディズニーが大好きです。

ディズニー　ああ、そのためだったら、私も労を惜《お》しまないねえ。

斎藤　はい。

ディズニー　ええ。

★今いる世界は「魔法界」?

斎藤　ウォルト様は、帰天《きてん》後……。

ディズニー　「帰天」と言われるとだねえ、私、ちょっと、しっくりこないのよね。なんか、もうちょっと、ほかの言い方はない?

斎藤　ええと、天国に戻《もど》られて……。

ディズニー　天国にねえ。まあ、天国かな……。うーん、天国かなあ。

斎藤　（帰天されて）四十六年の歳月《さいげつ》が経《た》ちました。

ディズニー　うーん。

斎藤　今、どのような世界に還《かえ》られ、地上世界をどのような思いでご覧になっているのでしょうか。まず、天国に戻られての感想を、一つ……。

ディズニー　「天国」「天国」って、なんか、やたら、響《ひび》いてくるんだよな。「天国」「天国」って響いてくるけど、まあ、地獄《じごく》じゃないとは思うけどね。でも、ディズニーのなかにも、ちょっと怖《こわ》いところもあるからね。少しは〝脅《おど》す〟ところもあるから、全部が天国かどうかは知らないけれども。「魔法使い」だと思ってるんだろう?　どうせ。

斎藤　いえいえ。

ディズニー　ええ?

斎藤　いえ、ディズニーの魔法を……。

ディズニー　だから、「魔法界※からいらっしゃって」って言ったって構わないんだよ。

斎藤　いえいえ。とんでもありません。

ディズニー　「天国」と言ったけど。うん？

★ディズニーランドに通う大人は、何をやっても成功する

斎藤　このたび、大川総裁を通して、『ウォルト・ディズニー成功の秘密』特別

※魔法使いの人たちが集まっている霊界のこと。

公案《こうあん》研修という七条の公案を、霊示《れいじ》として頂きました。

ディズニー　ああ、そうだね。なんか、六月ぐらいだったかな。なんか、あった。

斎藤　はい。頂いた公案では、人を幸福にする魔法、愛の魔法というものを教えてくださっております。本当にありがとうございます。

ディズニー　なるほど。研修をやるわけね？　幸福の科学で、ディズニーの霊言に基づく研修を〝有料〟でするのね？

三宅　はい。

ディズニー　それに行った方は、みんなディズニーランドに直行《ちょっこう》するんだろ？

三宅　そういうプランも考えております。

ディズニー　研修をディズニーのホテルでやるとか、そういう手もあるよね？

三宅　ああ、そうですね。

ディズニー　うちにも、お金を落としてちょうだいね。

三宅　（笑）

ディズニー　いや、こう言うといけない。大人の話だな。

三宅　先日、ディズニーランドに行ったことがない、四十代、五十代の精舎講師《しょうじゃ》の方がたと一緒《いっしょ》に行かせていただきました。

ディズニー　ああ、それは駄目だ。もう常識人じゃないね。ディズニーを知らないっていうのは……。

三宅　そうかもしれませんが、そういう方がたが初めて行ったところ……。

ディズニー　ディズニーを知らないっていうことはねえ、引退が早いっていうことだよ（このあたりから、身振《みぶ》り手振《てぶ》りを交《まじ》えながら語る）。もうね、クビを切る順番が、その順番になるから。ディズニーを知ってる人は、年を取っていても長く働ける。

三宅　ああ……。

ディズニー　ディズニーを知らないような人は、だいたい、クビを切られるのが近づいていると見て、間違《まちが》いない。だから、六十、七十でも、ディズニーランドに行きたいような人は、もう、生涯現役《しょうがいげんえき》だよ。うーん。そういうところなんだよ。

三宅　長生きの秘訣《ひけつ》は、ディズニーで？

ディズニー　うん、そう。「若返りの秘訣」でもあるわけなのよ。〝遊び心〟を教えているからね。そういう〝遊び心〟を持ってる人っていうのは、永遠に若いわけよ。何をやっても、「どうやって人を喜ばそうか」っていうことを次々と考えるからね。

三宅　ほう。

ディズニー　こういう若い人たち、特に子供たちにまで人気を博すと、その子供たちが大人になったときに、ディズニーファンになって、ずーっと支えてくれるわけよ。

だから、私はねえ、ディズニーに通う大人は、何をやっても成功すると思うなあ。ぜひ来なさい。

三宅　（笑）

ディズニー　夏休みに、宗教で公案研修をやるだけでは、やっぱり駄目だ。それだけでは体得できない。

ディズニーランドを見て、ディズニーシーも行って、その違いを見分け、そして、事業に、ビジネスに、あるいは子育てに役立てることが大事だな。

“遊び心”を
持ってる人っていうのは、
永遠に若いわけよ。
何をやっても、
「どうやって人を喜ばそうか」
っていうことを
次々と考えるからね。

Walt Disney

3 感動には四つの段階がある

★感動をいかなる言葉を使って表すか

三宅　一緒《いっしょ》にディズニーランドに行った講師のなかには、六十歳近い方もいたのですが、おっしゃる通り、すごく感動していました。

ディズニー　感動！

三宅　「もっと早く来たらよかったな」という声もありました。

ディズニー　その感動を言葉に表すことが大事なんだ。「感動を、いかなる言葉、いかなる形容詞を使って表すか」「感動の表現として、何種類、表現できるか」が、その人の才能と成功の秘訣《ひけつ》を示すことになるね。

斎藤　今、「感動」という言葉がありましたが、ディズニーランドは、本当に感動の連続で、驚きです。

ディズニー　そうなんだ！　そうなんだ！

「感動を、いかなる言葉、

いかなる形容詞を使って表すか」

「感動の表現として、

何種類、表現できるか」が、

その人の才能と成功の秘訣《ひけつ》を

示すことになるね。

Walt Disney

感動の第一段階

ニコリとも笑わない人を、まずは笑わせる

斎藤　今、「感動にも種類がある」と言われましたが、これは、いったい、どういうことでしょうか。

ディズニー　おお、来たな。君ぃ。ミッキー。

斎藤　ミッキー、今、〝勝負〟に出ております（笑）。

ディズニー　ミッキー君。知的ミッキー。

斎藤　知的ミッキー……（笑）。

「感動に種類がある」というのは、初めて聞くようなことです。感動と言うと、「ああ、よかったあ」という感じで、一通りかと思ったのですが、今、「いろいろな種類がある」と耳にしたものですから……。

ディズニー　あるよ！

斎藤　どのような？

ディズニー　もちろん、あるよ。君ぃ、感動には種類がありますよ。

斎藤　どのような?

ディズニー　「いわゆるニコリとも笑わない人を、まずは笑わせるレベルの感動」っていうのが、まず、一つあるね。

斎藤　なるほど。

ディズニー　そういう感情があまり豊かでない人ね。喜怒哀楽《きどあいらく》がはっきりと出ないタイプの、無感動な、事務的な人間、あるいは役所的な人間みたいな人を、そういう職業を忘れさせて、子供と一緒に歌って踊って楽しめるような人間に変える。

要するに、日曜日に、サービス精神に溢《あふ》れたパパに変えるレベルの感動。ディズニーに触《ふ》れたときに、そういう感性を持った人間に切り替《か》える意味での感動ね。これが、いちばん最初のレベルかもしれないね。

感動の第二段階

感情移入させて、登場人物になり切るところまで引き込む

ディズニー　それから、二番目は「感情移入」ね。

その登場人物、ミッキーならミッキーに、もうなり切ってしまう。ミニーならミニーちゃんになり切ってしまうね。

（ディズニーランドに行くと）ディズニーの着ぐるみを着て、いろんな衣装を

着て、シンデレラになったりして、いろんなものが出てくるし、エレクトリカルパレードだって、「人間が、夏の日の夜に、幻想《げんそう》の世界を電気でつくり出して、魔法の国のように見せている。演出でやっている」っていうことぐらいは、大人にも分かるし、子供にも分かるんだけど、それを、やっぱり、忘れさせてしまわなきゃいけないね。

冷ややかに見ている人は、世の中、いっぱいいるわけ。世間というか、一般《いっぱん》世界では、そういうふうに冷ややかに見てるわね。

その、冷ややかに見て突《つ》っ立っている人たちに、目をバッと開かせて、だんだん感情移入させる。そして、自分も一緒になって、パレードをしたり、なんか、

東京ディズニーランドのパレード。

乗ってるような気になったり、ミッキーと一緒に踊ってるような気持ちになる。これを、嘘《うそ》じゃなくてね……。

あのー、「嘘をついて、自分が、そういう楽しいふりをしている」というのは、普通、そうじゃない？ 普通、会社なんかの宴会《えんかい》とか、あるいは、学生だったら、クラブなんかの宴会とかしてもさ、面白いことをやってるようなふりをしたり、酒を飲んで楽しんでるふりをしたりするけど、その「ふり」じゃなくて、「なり切ってしまう」ところまで引きずり込むのが、二段階目の感動ね。これが二段階目の感動。

斎藤　二段階目ですね。はい。

感動の第三段階

ほかの人に言わずにいられないほどの感動を与《あた》える

ディズニー　三段階目の感動が、もう一つあるね。その感動は、もう、自分だけのものにしておけないレベルまで持っていくわけよ。

今、「引き込んで、そういう感動をさせる。同一視させる。感情移入させる」と言ったけど、三段階目は、「もう、自分一人のもので楽しんじゃいけない」という感じを持つまでの感動をさせる。

要するに、感動を、お土産《みやげ》として持って帰らせるわけよ。感動をお土産として持って帰って、ディズニーランドから離《はな》れても、ほかの人に、「よかったよ。あの新しいアトラクションはとってもよかった。あそこのミッキーはナンバーワンだね」と言うような感じ。分かる？「あの踊りは、すっごくうまかったよ」とか。まあ、バレエやダンスなどをやった人たちが見ても、「あの踊りはうまいなあ」とかね。

あるいは、ローラースケートで掃除《そうじ》して回ってるけれども、あれだって、本当は演出だからね。ローラースケートで走りながら、ほうきで掃除して回ってるのだって、実は、事務や清掃をやってるわけじゃないのよ。清掃員を雇《やと》ってるわけじゃない。あれも、みんなエンターテイナーなのよ。掃除してる姿もまたエンターテインメントなのね。

普通の会社は、いわゆる会社の収入を生むような仕事だけが仕事だと思って、そういう清掃業とかは、外注して、ほかの人にやらせたりして、関心を持ってないでしょ？

だけど、ディズニーでは、ああいう掃除する人でさえ、あるいは、場内の整理員でさえ、あるいは、呼びかける人でさえ、迷子を捜す人でさえ、みんな営業員なのよ。

これで感動に包まれて、「また行きたいな」という気持ちを自分だけに秘《ひ》めるのでなくて、ほかの人に必ず伝えたくなる。

翌日、会社へ行っても、「行った。行った。ディズニーに行ってきたけど、面白かったよ」と必ず言いたくなる。

子供も学校へ行ったら、絶対、自慢《じまん》したくなる。「よかったよ！ あれはよかった。とてもよかった。新しいアトラクションがすっごくよかったよ。二時間待ったけど、待ったかいがあったよ。やったー。よかった！」とか、やはり、言わせる。

ディズニーも、人気のあるアトラクションは、いっぱい待たされることはあるけども、「待った価値があった」というところと、それと、次から次へと繰《く》り出すから、全部は見切れないね。全部は見切れないので、また行かないといけない。夏は暑いよね、三十何度出てるしさ。それから、冬は寒いよね。しかし、寒いときにも人を呼び、暑いときにも人を呼ぶ。

普通は、暑いときには行かないし、寒いときにも行かない。あるいは、「暑いとき用に、水族館に行く」とか、「寒いとき用に、温泉など、あったかいところへ行く」とかいうことはあるかもしれないけど、暑くとも寒くとも、人を呼ぶ。花粉が飛んでも、呼ぶ。それが大事なのよね。

この三段階目の感動は、もうとにかく、ほかの人にそれを言わないでおれない感動というかな。要するに、「本来、お客様である人を、体験させることによって、ディズニーの宣伝広報員、PR員に変えてしまうところまでの感動を与える」っていうのが、三段階目ね。

感動の第四段階

「自分も魔法使いになりたい」という気持ちを起こさせる

ディズニー　四段階目はねえ……。

斎藤　まだあるんですかっ？

ディズニー　もう一つ、あるのよ！

（斎藤を指さす）あんた、「帰天する」なんて、古い日本語をしゃべってたけどさ、そんなんじゃないのよ。四段階目は、「自分も、魔法使いになって、（右手をグルグル回しながら）あの世で魔法を使ってみたいな」という気持ちを起こさせるところまで行かなきゃいけない。

あなたがたは、「修行して、坊《ぼう》さんになりたい」とか、「エンゼルになりたい」とか思うんだろうけども、ディズニーに触れた人は、もう、「あの世で魔法使いになりたい」って思う。

（手を振《ふ》って魔法をかけるしぐさをしながら）パーッと、何でもいいけれども、「カボチャを馬車に変えてみたい」とか、そんな気持ち、分かる？　あんな感じ。「馬車になれ！」って言ったら、馬車になる。それから、下働きの少女が「シンデレラになれ！」って念《おも》うと、シンデレラになって、お姫様《ひめさま》の姿になってしまう。「こんな楽しみを、あの世で体験できるようになりたいな」と思わせるところまで持っていく。

ここまでぐらいが感動の段階で、最終段階は、ディズニーになり切ることですね。「ウォルト・ディズニーになりたい」「魔法の神様になりたい」と思うぐらいのところまで感動したら、もう最終段階ね。うん。アハハハ。

三宅　すごいですね（笑）。

斎藤　いやあ、感動にも、こんなに段階があるとは……（笑）。

ディズニー　あって、あって……。あって、あって、あって、あって！

斎藤　はあ。

ディズニー　うーん。

感動には四つの段階がある

1

ニコリとも笑わない人を、
まずは笑わせる

2

感情移入させて、
登場人物になり切るところまで引き込む

3

ほかの人に言わずにいられないほどの
感動を与《あた》える

4

「自分も魔法使いになりたい」
という気持ちを起こさせる

最終段階は「ウォルト・ディズニーになりたい」と思わせる

4 ディズニーの成功の秘訣《ひけつ》

★ディズニーランドの秘密が分かれば、宗教も流行《はや》る⁉

三宅　ディズニーランドに来た方だけではなくて、そこで働いている方がたも、そういう気持ちにさせるという……。

ディズニー　そうなんだ。そうなんだよ！

三宅　みなさん、「ウォルトはこう言った」「ウォルトはこう言った」とおっしゃっていて、まるで、宗教の教祖であるような気がしました。

ディズニー　そうなのよ。

三宅　そうなんですよね？

ディズニー　そうなんだ！

三宅　そのことも、すごいなと思ったのです。

ディズニー　一緒《いっしょ》なんだよ。だから、ディズニーランドを研究したら、宗教も流《は》行《や》るよ。宗教も、ディズニーランドを、もっともっともっと研究しなきゃいけないのよ。ディズニーの秘密が分かったら、宗教は絶対広がる。

今、伸《の》びない宗教は、みんなディズニーを研究すればいい。

三宅　ウォルト様からご覧になると、今、広がりつつある幸福の科学の支部・拠《きょ》点《てん》や精舎《しょうじゃ》は、どのようにすれば、より素晴《すば》らしくなるでしょうか。

ディズニー　だからさあ、（質問者が着けているコスチュームを指して）そのようにしたらいいわけよ。

三宅　（笑）（会場笑）

斎藤　これをやるんですか？　いやいや、いやいや。

ディズニー　（精舎の）館長が、そのようにしてお迎《むか》えするぐらいのサービス精神がなくて、威張《いば》っていたら駄目《だめ》よ。威張ってはいけない。

三宅　威張っていてはいけないと？

ディズニー　荘厳《そうごん》なのは、たまにはいいよ。まあ、そういうアトラクションもあるから、荘厳な感じとか、恐怖《きょうふ》のアトラクションとかも、当然あっても構わない。そういうのに行ったら、みんな、緊張したり、荘厳な感じになったり、神様と会ったような気持ちになる。そういう「聖なる空間」も当然あっていいとは思うけども、やっぱり、宗教だってディズニーと同じなのよ。成功の秘訣は「リピーター」だと思うんだよ。

三宅　リピーター……。

★リピーターが新しいお客様を呼んでくる

ディズニー　リピーターは、繰《く》り返し、繰り返し、リピートして来る。人間には、選択肢《せんたくし》があるわけよ。持ってる時間は有限でしょ？　持ってるお金も有限なのよね。「持ってるお金、使えるお金は、月このくらい」って、だいたい決まってるし、「遊びに使える時間も、この程度」っていうのが、だいたい決まってる。だから、みんな、「お金と時間を何に使うか」っていうことを選択してるわけよね。

日曜日、せっかくの休みをいったい何に使うか。子供たちと野球を観《み》に行くか。一緒に草野球をするか。キャンプファイヤーに行くか。あるいは、塾《じゅく》に行くか。まあ、いろいろ選択はあるわけね。

この厳しい数多くの選択肢のなかから、ディズニーに引っ張ってくるような魔法が要《い》るわけだ。やっぱり、このリピーターのつくり方が大事だね。

そして、リピーターが仲間を呼んでくる。自分もリピーターになると同時に、リピーターになれば、広報宣伝マンに変わって、「面白かったよ」と言って、ディズニーの宣伝をしてくれる。

新しいアトラクションをつくるのはいいけど、それを、全部、宣伝広告費で、

リピーターのつくり方が大事だね。

リピーターが仲間を呼んでくる。

Walt Disney

人を集めることばかり考えてはいけない。

ディズニーは、「新しいアトラクションができました」って広報宣伝しなくても、行って、見て、体験した人が、学校の教室で、休み時間に友達にそれを言ってくれる。

大人たちも、お母さんたちのPTAの集いで話をしてくれるし、お父さんだって、会社で、「たまには家族サービスした」っていうことを自慢《じまん》するために、「土日は、ディズニーランドへ泊《と》まりがけで行ってきたんだ」みたいなことを言ってくれると、それを聞いたほかのお父さんは、「うちも行かなきゃいけないな」と思う。

そして、「どこがよかったですか」と訊《き》かれたら、「ディズニーシーの潜水艦《せんすいかん》がよかったです」とか言ってくれると、「そんなのがあるのか。やっぱり連れていかなきゃいけないな」と思う。そうしたら、お父さんは、「(潜水艦のアトラクションに乗ると）海のなかが見えるらしいから、連れて行ってやろうか」と言える。知識として知ってたら、子供をナビゲートできるから、面白いわけね。

これが秘訣。これは宗教もまったく一緒。

宗教の場合、施設《しせつ》というか、新しいテーマパークを次々とつくるようにはいかないと思うけれども、常に「新しい宗教」というか、「魅力《みりょく》的な内容を持った企《き》画《かく》を出していく宗教」であることが大事だね。そして、連れて来させる。

次々と新しいものを出しているのに、だんだんジリ貧《ひん》になっていくなら、それは、役者さん、すなわち、ミッキーさんやミニーさんをやってる人たちの「サービス精神」「演技力」「ファンを喜ばせる力」が足りないのよ。

5 サービス業で成功するために必要なもの

★リピーターがつくれないところは、「細部のこだわり」が足りない

斎藤　人を喜ばせるというところは、ディズニーそのものですね。

ディズニー　そう。徹底《てってい》しなきゃいけないのよ。

斎藤　徹底する？　喜ばせる？

ディズニー　うん。だから、細部にこだわらなきゃ駄目《だめ》。

斎藤　細部にこだわる？

ディズニー　うん。リピーターがつくれないところは、みな、そうですけど、「細部のこだわり」が足りないのよ。細かい細部のところね。

例えば、エレクトリカルパレードが通る通りをローラースケーターが掃除《そうじ》して歩いてるけども、（ほうきで掃くしぐさをしながら）ゴミ一つ残さないように隅々《すみずみ》までやっていくと同時に、お客様の近くへ行って、ゴミを拾ったりするときには、ニコッと笑っていく（実際にニコッと笑う）。相手の人の表情も見てるわけよ。

斎藤　掃除しながら、表情を見ている？

ディズニー　そうよ。表情を見てるの。機嫌《きげん》が悪そうな人とか、待ちわびてイライラしてる人とかいっぱいいいるわけね。そういう人たちを、一瞬《いっしゅん》、和《なご》ませて、期待感を持たせるほうに気持ちを変えさせる〝魔法〟を、みんな、かけていってる。そういう〝呪文《じゅもん》〟をかけていってるんだ。

斎藤　掃除しながら、〝呪文〟をかける？

ディズニー　うん。そうそう。そうそう。

斎藤　〝魔法〟をかけて、喜ばせていく？

ディズニー　パレードが始まったときに、ショーが始まるわけじゃないのよ。その前からもう始まってるのよ。

斎藤　ショーが始まるのは、掃除の段階から？

ディズニー　もっと前。もっと前。掃除、あるいは、整理員が並ばせたり案内したりしてる段階から、すでにショーは始まってるのよ。

だから、細部にこだわらなきゃ駄目。

斎藤　細部へのこだわり……。

ディズニー　うん。この「こだわり」が大事なのよ。この「こだわり」が足りないところは、結局、人を喜ばせることができないのよ。

ディズニーだって、楽しいばかりじゃなくて、怖《こわ》いところだってあります。恐《きょう》怖《ふ》の館《やかた》みたいなものだってあるけども、怖がらせ方だって、細部にこだわらなければいけないわけで、やはり、「どのようにして怖がらせるか」という、怖がらせ方の芸術を追求しなきゃいけない。

斎藤　(笑)怖がらせ方の芸術……。

ディズニー　徹底的に細部まで追求しなきゃいけないわけよ。

細部にこだわらなきゃ駄目。

この「こだわり」が足りないところは、
結局、人を喜ばせることができない。

Walt Disney

斎藤　ほお。

ディズニー　ミッキーだって、ミッキーの踊りは、どれほど練習が大変か。本番以上の練習を積んで積んで、激しい競争のなかから選びに選んで、やってるわけよ。

だから、踊りがうまいだけじゃ駄目なのよ。「その踊りを見た人を、どれだけ引き込み、感動させられるか」っていうことがとっても大事なので、細部にこだわらない人は駄目ですね。

斎藤　細部にこだわる……。

ディズニー　細部にこだわらない、あるいは、こだわることができない人は、サービス業では、大した成功はできないね。

★細部にこだわるときの注意点

ディズニー　ただ、細部にこだわるときの間違《まちが》いはね。例えば、日本なら、ハウステンボスみたいなところがあるね？

斎藤　はい。ハウステンボスがあります。

ディズニー　オランダかなんかを再現したのがある。あれは、「オランダの建物を、細部にこだわって再現した」と聞いてるけれども、ああいうインフラだけにこだわったって、見たら終わるのよ。「写真を撮《と》ってみたら、だいたい一緒《いっしょ》だ。ずーっと一緒だ」っていうものは、細部にこだわっても飽《あ》きられるのよ。

そうじゃなくて、「人の動き」「演出」「内容」、そういう目に見えないところの細部にこだわったものが、永続《えいぞく》するんだ。目に見えるところ、要するに、インフラ的

ハウステンボス。オランダの街並みを忠実に再現したテーマパークで、長崎県にある。開業当初は注目を集めたものの、年々入場者が減り、2003年に経営破綻《はたん》した。その後、大手旅行会社の下、経営再建を進め、現在は黒字化している。

なもので細部にこだわったら、一回目は感動してくれるけども、二度目、三度目になると、だんだん感動のレベルが落ちていくのよ。

斎藤　なるほど。

ディズニー　下がっていくわけね。だから、来なくなってくる。

そうしたインフラだけに考えを持っていたら、新しい一つの建物を建て続けることだけで、人を呼ぼうとするわけね。そうすると、金はかかるけど、感動はそんなに増えていかない。

やっぱり、あくまでも、人を喜ばすのはねえ。ディズニーも、いつも何百億も投資して、新しいものをつくってるけども、もちろん、建物とか、新しい施設《しせつ》は必要ですけども、なかで、踊ったり、歌ったり、演技したりしている人たちの、

「人の動き」

「演出」

「内容」

そういう目に見えないところの

細部にこだわったものが、

永続《えいぞく》するんだ。

Walt Disney

その練習していくなかで、お客様を喜ばそうとする気持ちを盛り上げていくところ、この細部の仕上げのところが、実は、問題なわけよ。

★「終わったあとの感じ方」「始まる前の期待感」まで考えよ

斎藤　目に見えないところで、例えば……。

ディズニー　君たちも、たぶん一緒よ。

斎藤　え？　はあ。

ディズニー　君たち、「伝道」とか言ってるんだろ?

斎藤　はい。

ディズニー　「伝道して人を呼ぶ」とか言ってるけど、支部とか精舎《しょうじゃ》とかへ連れてきてねえ、けっこう、がっかりして帰ってるわけよ。大勢の人が、一回来たら、がっかりして帰ってるわけよ。
　だけど、支部長や館長は、みんな、それが分からないのよ。がっかりして帰ったあとのことは、全然、考えてないから。目の前に来たときに、つかまえてやった段階で、仕事が終わってるの。「その人たちが『また来たい』と思ってるか、あるいは、次の人を連れてきたくなるかどうか」まで、頭が回ってないのよ。

そこまで思って、やらなきゃいけないんだけど、一回きりの仕事をこなすことに熱中してるのね。これが、たぶん、ディズニーと違うのよ。

斎藤　「帰ったあと、その人がどう感じるか」というところまで、想像しなければいけないわけですね。

ディズニー　あとまで考えなきゃいけないのよ。

もちろん、始まる前の段階での「期待感」も大事だね。

今日、これを録《と》るでしょう？　全国の精舎で、『ウォルト・ディズニー成功の秘密』特別公案《こうあん》研修をやってるんでしょう？

だから、「今日、突如《とつじょ》、ディズニーが降臨《こうりん》しました！　『これについて私も解説したい』と言って、天から降《お》りてきました！　大川隆法先生は、ほかの仕事ができなくなって、『ディズニー、ディズニー、ディズニー！』って言い始めたので、『もうミッキーとミニーのまねをしてでも出てきて、今日録らないと、先生が発《はっ》狂《きょう》するかもしれない』ということで、録ったので、特別に送ります！」という感じで送ると、みんな、「わあ、うれしい。みなさん、こんなものが急に来ましたあ」と言って、感動が生まれるわけよ。事務的にやったら、駄目なのね。

★人を楽しませるために、命がけで努力する文化・遺伝子をつくれ

三宅　「相手の立場に立つ」というところがすごいですよね。

ディズニー　そうそう。そうそう。世の中、やっぱり人生はね、百年以上はそう簡単に生きられないからさあ。その百年、数十年の間には、もちろん、厳しい仕事があるよ。難しい仕事からは逃《に》げられないよ。お金をもらう仕事は、そういうものが多いよ。

だけど、その疲《つか》れも癒《いや》しながらリフレッシュして、「人生は、やっぱり楽しいな。よかったな」という気持ちにさせるっていうことは、まあ、天国的な仕事の一つだと思うんだよね。

そういう人たちの疲れを癒して、リフレッシュさせて……、何て言うかな。また、明日への元気や家族の調和かな。だから、「家族のなかで喧嘩《けんか》が起きて不調和なときに、みんなでディズニーランドに行ったら、急に仲が元に戻《もど》ってくる」みたいなことをしたら、私たちも、難しいことを言わなくても、宗教に代わって、家庭のユートピアづくりに貢献《こうけん》できるわけね。

だけど、それを演出してるっていうか、みなさまに（幸福を）分けているほうの人たちは、日夜、厳しい修業を積んでるわけで、これは、もう本当にフェンシングの練習と変わらないぐらい、激しくやってるからね。

あのエレクトリカルパレードだって、女王様とか、シンデレラとかをやるのは大変なのよ。例えば、あれが外《はず》れたら、もう、パレードを全部潰《つぶ》しちゃうのよ。本当にものすごく大変なの。

あれがね、「がっかり。きれいじゃなかった」とか、「あまり面白くなさそうにやってた」とか、「疲れてたね」とかいうふうに思われたら、全然駄目なのね。ミッキーが疲れてるシーン、腰《こし》が曲がってるシーンとかは、絶対駄目なのよ。たとえ、ミッキーマウスの着ぐるみのなかに六十歳の人が入ってても、（リズミカルに体を左右に揺らしながら）若く、十代みたいに動かなきゃいけないのよね。これを命がけでやらなきゃいけない。

外（の気温）が三十四度なら、着ぐるみのなかは、六十度ぐらいの温度だよ。君ねえ、六十度の蒸《む》し風呂《ぶろ》のなかで、みなさんを楽しませてる人の気持ち、分かる？

なかは地獄《じごく》よ。なかは地獄だけども、ほかの人に、「なかに入ってて大変だろうな」と思わせたら、負けなのよ。あの着ぐるみのなかは、六十度あるのよ。実際に。

だから、下はねえ、まあ、こんなことを言っちゃ、女性に失礼だけど、もうパンツ一つしか穿《は》いてないのよ。暑いから、服なんか着れないのよ。それで、パンツ一つで着ぐるみを着て、ミッキーになり切ってるわけよ。

お客さんに、「今日は暑いですね。なかは暑いでしょう。ミッキーさん、ご苦労さんです」っていう声をかけさせたら、負けなのよ。そんなことは、露《つゆ》ほども思わせちゃ駄目なのよ。お客さんが暑いことを（ミッキーが）ねぎらうのは構わないのよ。その感じはいいのよ。これが分《わ》っかるかなぁ。

斎藤 命がけの〝ミッキー行《ぎょう》〟ですね。

ディズニー 命がけ。人を楽しませるんだって、命がけなんだよ。分かるかな。

三宅 日々の努力が本当にすごいですね。

ディズニー そうなのよ。

君たちも、一人ひとり、そこまで、これを教育訓練することによって、そういう「文化・遺伝子」までつくることだよ。だから、上にいる人の「情熱」がとっても大事ね。そこまでこだわって、いいものをつくり上げていく。

「単に、お金をかけて新しい施設をつくり、新聞で広告を打ったり、テレビで広告を打ったりしたら、人は来る」なんて思うような経営レベルでやってるのは、絶対駄目よ。

宗教なんか特にそうよ。口《くち》コミで、だいたい人気《にんき》は決まるものなのでね。

斎藤　口コミ？

ディズニー　こんなもん、口コミなのよ。

人間は、正直だから、嘘《うそ》が言えないのよ。だから、仕掛《しか》けて口コミでやろうとすることは一回ぐらいできても、何度もはできない。毎年毎年は無理だ。だけど、本当にいいものを目指していれば、そういう口コミは広がっていくんだな。

人を楽しませるんだって、
命がけなんだよ。

君たちも、一人ひとり、そこまで、
これを教育訓練することによって、
そういう「文化・遺伝子」まで
つくることだよ。

Walt Disney

★「人を喜ばせたい」という情熱も、才能の一つ

斎藤　先ほど、「従業員を、一人ひとり、そういうリーダーに変えていくには、上の人の情熱が大事だ」というようにおっしゃられましたが。

ディズニー　大事ですよ。

三宅　ウォルト様は、生前、やはり、情熱でもって、一人ひとりをリーダーに変えていかれたのでしょうか。

ディズニー　それが才能だよね。

君らは、才能っていうのを、例えば、「学校の勉強ができたこと」とか、「アスリート、スポーツ選手として、何か、すごい賞を取った」とか、あるいは、「絵の才能がある」とか、「音楽、歌の才能がある」とか、そういうので見がちであるけども、「『人を喜ばせたい』っていうか、『夢を持たせたい』っていう情熱を、どの程度まで持ってるか」っていうのも、才能なのよ。

この才能は、いかなる事業をやっても、ものすごく大きく影響《えいきょう》するのね。

例えば、ディズニーは、アニメーションのピクチャー（映画）もやるけども、「あれを何回観《み》たら飽きるか」っていうところね。あるいは、「何回ぐらい繰《く》り返して観たいか」っていう、このへんが、実は、力比《ちからくら》べなのよ。

「一回観たら、もういい」ようでは駄目なのよ。繰り返し観たくなる。あるいは、ちょっと間《あいだ》を空けたら、また観たくなってくる。子供で言えば、毎日でも観たくなるようなものがつくれるかどうか。やっぱり、それは、絵もあれば、登場人物の動きやストーリー、発声など、いろんなものがあるけど、とにかく、「こだわり」だね。「こだわり」なんだよ。

★エンターテインメントの秘訣《ひけつ》は、「自己中心」にならないこと

三宅　私も、小さいときから、ディズニーの映画をビデオテープが擦《す》り切れるぐらい観させていただきました。今、幸福の科学でも映画をつくっているのですが……。

ディズニー　まだ、ちょっとねえ、もう一段階エンターテインメントが足りないんじゃないかなあ。

三宅　エンターテインメントの秘訣《ひけつ》は何でしょうか。

ディズニー　うーん。なんかねえ、「自己中《じこちゅう》」になってるよ。

三宅　自己中？

ディズニー　やっぱり、自己中。自己中っていう言い方は失礼かもしれないけれど、やっぱり、自団体中心的な発信がまだまだあって、相手の心のなかへ入り込めてないところがあるな。

自分たちの（主張）をただ押してる感じのところが少しあるけど、もうちょっと、引き込む力が要《い》ると思うな。やっぱりディズニーランドにもっと行くべきだよ。

三宅　（笑）

ディズニー　ディズニーランドを、一回、暇《ひま》なときにね。あるいは、休憩《きゅうけい》時間には、ディズニーの映画やアニメーションとかを観て、勉強を少しされるといいですね。

（幸福の科学の職員には）いろんな業種の方が来てるんだと思うけど、まだ、人を楽しませる技術に習熟した人は、そんなにいないような気がするなあ。

もう一頑張《ひとがんば》りしたらいいんじゃないかな。自分たちで狭《せば》めてるところがある。まあ、ほかのところよりは面白いかもしれない。宗教なんかは、もう、人が死ぬのを待ってるようなところもあるからさ。ただ、それだけでは、マーケットは広がらないからね。「『早く死んでくれないかな』と待ってて、それで、〝売り上げ〟が増える」なんていうのは、ちょっと悲しすぎるじゃない。なっ？

だから、お寺だって、ときどき、アトラクションをやったり、コンサートをやったりもしてるじゃない？　まあ、そんな使い方もあるけど、いろんな市民に親しまれるっていうことにも、大事なところはあるわな。

6 創造力の源泉とは

★「貧《まず》しさからアイデアが生まれる」というのが人生哲学《てつがく》

斎藤　ウォルト様の話を聞いていると、人を喜ばせるためのアイデアが次々と出てくるような感じです。

ディズニー　そうなのよ、そうなのよ（机を二回叩く）。

斎藤　そういうアイデアは、やはり、「人を喜ばせたい」という気持ちから出てくるのでしょうか。

ディズニー　いやあ、それはねえ、貧乏《びんぼう》から来るんだよ。

斎藤　（驚いて）ええっ？

ディズニー　ええ。

斎藤　それはどういうことですか。

ディズニー　やっぱりね、貧乏を経験したことのない人は、アイデアが浮《う》かばない。

斎藤　ああ。

ディズニー　うん。貧《まず》しさです。

斎藤　ミッキーマウスも、借りていたボロ屋に走っていたネズミにヒントを得て、生まれたと言われています。

ディズニー　そうなのよ。

みんな、貧しいっていうことを悪いことだと考えがちだと思うけど、貧しいっていうことは、「無限の可能性」があるんだよ。貧しいっていうことは、無限の金持ちになれる可能性があるのよ。

貧しいから、ものがないでしょ？　ものがないから、アイデアしかないわけよ。まず、アイデアで勝負しなければいけない。アイデアで仕事を始めなきゃいけない。貧しいから、アイデアが浮かんでくる。

お金がたっぷりあったり、すでにあるものがいっぱいあったりしたら、アイデアは浮かばないで、その、あるものを消費することに、人はエネルギーを注ぐね。だから、財産を減らしていくっていうか、親の遺産《いさん》を受け継《つ》いで、減らしていくようなことはできると思う。

貧しいっていうことは、素晴らしいことなんだよ。貧しさからアイデアが生まれるのよ。まあ、それは人生哲学《てつがく》の一つだけど。

貧しさをもって、世を恨《うら》む人もいる。責める人もいる。景気《けいき》が悪いとか、愚痴《ぐち》をこぼす人もいる。
だけど、貧しいから、「アイデアで勝負しなきゃいけないんだ」と思って、次々と企画《きかく》する。「どうやったら、これが売れるか」「どうやったら、人を喜ばせられるか」「どうやったら、わが社を使っていただけるか」みたいなのを考えるのは、知恵だし、アイデアだと思うけど、これは、金がない人ほど、まず、そうするから。お金が余ってたら、あまり考えないのよ。それにあぐらをかいちゃうから。

斎藤　常にハングリー精神がおありだったということでしょうか。

ディズニー　そう。それを持ってなきゃいけないよ。それが、発想のもとなんだよ。ハングリーであることが、発想のもとなんだよな。
だから、君たちね、あんまり給料をもらいすぎたらいけないよ。低いと、上げる楽しみがあるからさ。上がりすぎると、次は、下がる楽しみっていうか、苦しみがあるからさ。教団も、貧しいことは喜ばなきゃいけない。

斎藤　ああ。

ディズニー　これはな、「アイデアを集めなければやっていけない」ということを意味するからさあ。

ハングリー精神を持ってなきゃいけないよ。
それが、発想のもとなんだよ。

Walt Disney

★「組み合わせ」と「意外性」が創造を生む

三宅　お話を伺《うかが》っていて、逆転の発想をすごく感じます。

ディズニー　それはそうだね。

一般《いっぱん》的にはね、普通《ふつう》の人が見れば、世の中は飽和《ほうわ》状態なのよ。もうすでに、すべて揃《そろ》ってるのよ。何でもかんでも。

道路は車でいっぱいだし、電車もいっぱいだし、バスもいっぱいだし、飛行機もいっぱいだし、食べ物屋もいっぱいあるし、映画館もいっぱいあるし、テレビも毎日無料でかけてくれるし、新聞にいっぱいニュースは載《の》ってるし、もう、満ち足りてるぐらいあるわけよ。
「このなかで、どうやって、水族館の熱帯魚のような色を出して泳いでみせるか」っていう感じだよな。分《わ》っかるかなあ。
（手で魚が泳ぐしぐさをしながら）この世にはないような色を出して、うーん……、水色や赤など、いろんな色を出して泳いで、（大声とオーバーなジェスチャーで）「ワオウ！」「ワオウ！」って言う感じだよ（会場笑）。

斎藤　（笑）楽しい感じがしますね。

ディズニー　分かるかな。この感じだよ。

三宅　そういうのは、どこからインスピレーションを得ているのでしょうか。

ディズニー　うーん……。

今、「水族館」って私は言ったけども、やっぱり、水族館と一緒《いっしょ》だよ。「子供を楽しませたい」と思って、黒鯉《くろごい》だけ集めて水族館をつくったら、楽しいかい？　楽しくない。ねえ？　やっぱり、いろんな種類のものを入れる必要がある。

平和な魚も泳いでいるけども、そのなかに、サメが泳いでたりして、「あのサメに食べられないのかな」とか思ったり、そのサメがウワーッと寄ってきて、「うわ、食べられたらどうしよう」とか思ったりするし、大きな亀《かめ》が泳いでいたり、エイが泳いでいたり、まあ、そうした組み合わせのなかにも、創造があるわけよね。

斎藤　種類が豊富だということですか。

ディズニー　そう。そうそう、そうそう。その「組み合わせ」と「意外性」が、創造を生むからさ。

いやあねえ、やっぱり、常に訓練して、自分のスキルをアップするように努力することと、常に「人を喜ばせたい」っていう気持ちを持って、アイデアを生み続けることが大事なのよ。

7 なぜディズニーは不況期でも勝ち続けられるのか

★外国からも人を呼び寄せるディズニーランド

斎藤　ディズニーランドに行くと、いつも、何か工事中だったりするのですが。

ディズニー　それ、すみませーん！

斎藤　いえいえ。

ディズニー　それは、申し訳なーい。

斎藤　いやいや、あの……。

ディズニー　ミッキーさん、踊って、ごまかすよ（両手を振《ふ》って、踊るしぐさをする）。

斎藤　（笑）

ディズニー　踊ってごまかして……。

斎藤　ディズニーランドは、毎年毎年、新しいアトラクションが次々と出てくるのですが、「新しいものを発明していく遺伝子」というのは、ウォルト様が生きていらしたときからあったのでしょうか。

ディズニー　そうだね。まあ、例えば、日本で言えば、二種類あるでしょう？　京都みたいに、古くて、ずーっと変わらないものを見せて、お客様を呼ぶ。あれでも、リピーターは付くことは付くよね。

ときどき、京都に行ってみたくなるみたいな、そういう古《いにしえ》の変わらない感じで呼ぶものもあれば、ディズニーランドのように、「毎年行かないと、また新しいものが始まってるかもしれない」っていう希望で呼ぶものがあるよね。もちろん、ディズニーのほうが新しいね。

不況期は、だいたい、人気《にんき》のないところから潰《つぶ》れていくから、潰れていくところがあると、また、そこの客まで来てしまう。

日本には、外国人を呼べるところって、そんなにないね。だけど、ディズニーランドはハズレがないから、来るよね。中国人も来るし、北朝鮮《きたちょうせん》からだって入ってきたっていうじゃないか。なあ？　あの北朝鮮の指導者が、（子供の頃）日本のディズニーランドを見たくて、命がけで入ってきたんだろう？　そのくらいの吸引力《きゅういんりょく》が要《い》るわけよ。

君たちも、それを努力しなくちゃいけない。面白くないよ。

君たちは、行事が始まるとき、たいてい、禁止事項《じこう》ばかりを言ってるでしょ？　たぶんね。（マイクを持つしぐさをして）「あれはやめてください。これもやめてください」って。ねえ？　だいたい、しらけるね。ほぼ、しらけるね。だいたいそうだろ？　もう、みんな役場にしか勤められない人たちばかりだね。
だから、もうちょっと〝遺伝子改造〟しなきゃいけないね。

★「従業員を全員、魔法使いに変える」という強い信念

斎藤　ウォルト様は、生前、「そういう遺伝子をつくり、企業文化として伝えていく」ということを強く訴《うった》えておられたと思うのですが、それは、やはり、「心から心へ」「感動から感動へ」というかたちで伝えていくのでしょうか。教育というところもあると思うのですが、どのようにしたら、伝わるのでしょうか。

ディズニー　人間はねえ、やっぱり変えられるんだよ。

斎藤　人間は変えられる?

ディズニー　うん。「変えられる」っていうことを信じなきゃいけないよ。

まあ、私的《わたしてき》には、従業員一人ひとりを、魔法使いに変えてるつもりなのよ。

「いったん、ディズニーと名が付く職場に勤めたら、食堂の人であろうと、レストランの人であろうと、守衛《しゅえい》さんであろうと、何であろうと、全員、魔法使いに変える」という強い信念を持っているわけよ。全部、隅《すみ》から隅まで魔法使いに変えるわけね。

あなたがたであれば、「幸福の科学」と言ってるんだから、「一人残らず幸福にしないではおれない」っていう気持ちを、隅から隅まで溢《あふ》れさせることが大事な

「人間は変えられる」っていうことを
信じなきゃいけないよ。
私的《わたしてき》には、従業員一人ひとりを、
魔法使いに変えてるつもりなのよ。

Walt Disney

わけよ。
だから、（この霊言《れいげん》の）ビデオを観《み》ても、（三宅を指して）彼女のミニーさんは、みんなが「かわいいなあ」と思うわけよ。（斎藤を指して）あなたのミッキーさんは、ほかの館長さんたちが見たら、みんな、「バカバカしいな」と思うわけよ（会場笑）。

斎藤　すごい本音《ほんね》を頂き、ありがとうございます。心の声を感じました（笑）。

ディズニー　この違《ちが》いが分かるかどうかだね。彼女は似合ってるわけよ。

斎藤　（笑）

ディズニー　君のは、ちょっと偽物《にせもの》……。まあ、あの、ちょっと……（会場笑）。

斎藤　（立って謝りながら）本当にすみません。まことに申し訳ございません。

ディズニー　いやいや、若干《じゃっかん》、（偽物に）見えるのよね。だからさあ、やっぱり、そのへんが修業なんだよ。

斎藤　自分への見極《みきわ》めが必要ですね。

ディズニー　まあ、準備する時間が十分なかっただろうと思うけども、今日は急に言われたから分からなかったんだろうけども、「（質問者として）ディズニーの霊言に、ミッキーの格好《かっこう》をして出る」っていうことを肚《はら》に決めたら、本当だったら、（リズミカルに手を振り、体を左右に揺らしながら）ミッキーの踊りを覚えてこなきゃいけないわけよ。ねえ！

斎藤　そこまで行かないと、やはり、感動を与《あた》えられませんか。

ディズニー　（引き続き、踊るしぐさをしながら）「ウォルトさん、ちょっと待ってください。ちょっと、ミッキーの踊りを見せますから、判定してください。私の踊りは、グレード5から1まで、どれに当たりますか」って言って、踊ってみせなければ……。

斎藤　（しぐさを見て）（笑）今、ミッキーのような感じがしました。雰囲気《ふんいき》が。

ディズニー　君、そのくらい勉強しないと、ミッキーになれないのよ。

斎藤　なるほど。私も深い反省が……。

ディズニー　ここが甘いのよ。彼女は、アニメをたくさん観て、それを刷《す》り込んでるから、ちょっと、その雰囲気が出るのよ。ちょっとだけね。

斎藤　はい。

ディズニー　この違いね。しらけるか、しらけないかの違いは、はっきり出るんだよな。ほかの館長に「その格好をしろ」と言ったって、下手《へた》したら、客が増えるどころか、減るんだよ。分かる?「この教団はおかしい。狂《くる》ってる」と思って、減るんだよ。

それがピタッと合ってるかどうかは大事なのよ。だから、自分中心になっちゃいけない。やっぱり、お客さんの気持ちになって、「うわぁ、素晴らしい。ワンダフル」って唸《うな》らせなきゃいけないのよ。

★不況は、いい勉強の時期である

斎藤　話題が少し変わるのですが、今、オリエンタルランドという会社があり、そこが日本のディズニーランドとディズニーシー等を経営しています。

ディズニー　うんうん。

斎藤　そして、今年（二〇一二年）、四月から六月までの第1四半期は、過去最高の営業利益をあげており、また、年間でも、三千五百六十一億円という、とてつもない売上高をあげています。

ディズニーランドとディズニーシーには、毎年、年間二千五百万人以上の人が訪れていますが、どうして、不況期にも勝ち抜《ぬ》いていけるのでしょうか。

東京ディズニーリゾートの入場者数と営業利益の推移

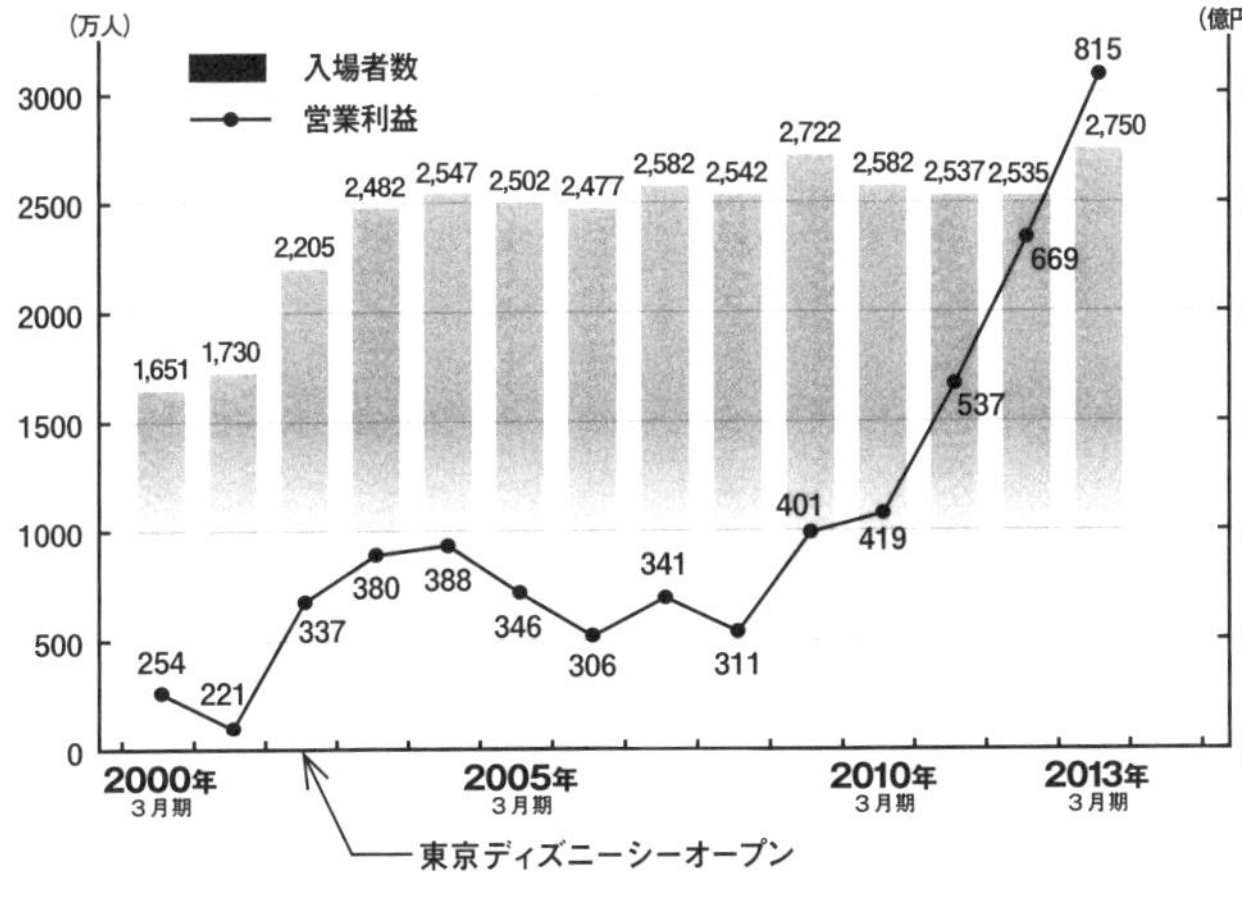

今、「人を感動させる」「人を喜ばせる」というお話がありましたが、ウォルト様は、日本や世界の不況を、どう見ておられるのでしょうか。ウォルト様には、「富の神様」というイメージもあるのですが、そのへんについて、どうご覧になっているでしょうか。

ディズニー　まあ、不況っていうのは、やっぱり、いい勉強の時期だね。不況期は、もう、弱いところはどんどん潰れていくよね。そういう意味で、厳しいね。

好況だったら、弱いところでも、悪いものでも生き残れる。例えば、味の悪いお店屋さんでも潰れないよね。好況だったら何とか生きていけるけど、不況になったら、まず、そういうところから潰れていくでしょ?

やってる人は、なぜ潰れるかは分からない。みんな、「いける」と思って、やってるんだけど、答えが出るのよね。だから、不況は勉強になるよ。好況のとき、人は慢心《まんしん》して天狗《てんぐ》になる、うぬぼれるけど、不況のとき、大事。

★すべてがエンターテイナーであり、経営者であれ

ディズニー　不況のときに、今言った二千五百万とか、三千万とかいう人を集めるのは大変なことで、宗教でも、そんなことができれば、大成長するよね。だから、幸福の科学も、〝遺伝子〟のところを操作して〝遺伝子実験〟し、ウォルト・ディズニーの〝クローン人間〟をたくさん養成する必要はあるね。
要するに、自分たちで発展していくのよ。それが大事ね。

斎藤　自分たちで発展する？

ディズニー　うん。「いかにして、これを発展・繁栄《はんえい》させていくか」っていうことを常に考える人たちをつくれば、すべてがエンターテイナーであるし、すべてが経営者なのよ。すべてがね。

あなたがた職員の方がたも、すべてがエンターテイナーで、すべてが経営者でなければいけない。そういう〝遺伝子〟はつくれるのよ。つくろうとすれば、できる。

だけど、あなたがただったら、そういう研修をやる担当に、実に面白くない人をいっぱいぶつけてくるでしょう？　たぶん。

宗教の研修っていうのは、実に面白くない。その……、何？（何かを押し出

すべてがエンターテイナーで、
すべてが経営者でなければいけない。
そういう“遺伝子”はつくれるのよ。
つくろうとすれば、できる。

Walt Disney

すしぐさをして）機械を通せば、同じようなものが、ポトン、ポトン、ポトン、ポトンと落ちてくるのがあるじゃないの？　お菓子だろうと、かまぼこだろうと、なんか、いろんなものがあるでしょう？　あんなふうに、同じ規格品を出してくるみたいな感じのつくり方をしやすいんだな。

だから、もうちょっと、夢は大きく、希望も大きくしないといけないな。

いったん入ったら、「いつまででも、いたいなあ」という気持ちを持たせることが大事ね。宗教も、やめさせないんじゃなくて、「いったん入ったら、もう、死ぬまで絶対やめたくない」という気持ちを持たせることが大事だ。

それから、「伝道しなさい」と言われて、命令されて、するんじゃなくてね。それは軍隊だよ。軍隊の命令だけど、そうじゃなくて、本心から、「仲間を呼んできたい」とか、「知り合いを呼んできたい」とか、「親友を教団に連れてきたい」とか思わせるようになったら、本物ね。

だけど、「親友だから、この教団には呼びたくない。連れてくると大変なことになる。自分みたいな、苦しい修行というか、思いをするんだったら、嫌《いや》だな」と思われるようだったら、発展が止まるわけね。

このへんが大事で、まあ、これも人の問題だと思うね。

難しく、経営学で考える必要はないのよ。もう〝遺伝子〟なのよ。「すべてがエンターテイナーであり、経営者である」という文化・遺伝子をつくってしまうことが大事なのよ。

★平日にも人を呼べるかどうか

斎藤　ウォルト様の生前のお言葉に、「私たちの夢はすべて叶《かな》う」というものがあります。

ディズニー　うん、そうそう。

斎藤　「夢を追い続ける勇気さえ持てば、叶うのだ」ということを一貫《いっかん》して言っておられましたが、今、おっしゃられた「文化・遺伝子をつくる」というのは、要するに、「全員に夢を持たせ続ける」ということでしょうか。

ディズニー　うーん、そうだねえ。やっぱり、シンデレラ姫《ひめ》は、美しければ美しいほどいいわけよ。分かる？　見て、「ああ、きれいじゃなかったなあ」と思われたら、もうそれで終わりなわけよ。

ミッキーなんか、もう、みんな、姿を知ってるし、何十年も見続けているのよ。でも、ミッキーと会えて握手《あくしゅ》したら、喜んで帰れる。ここがコツなのよ（机を叩く）。分かるかな。

ミッキーなんか、なかに人間が入ってることは、みんな知ってるよ。それで、握手して喜んで帰れるかどうか、しらけて帰るかどうか。ここに、発展するかしないかのコツがあるのよ。分かるかな。

斎藤　何となく。

ディズニー　何となく分かるかい？

斎藤「分かりたい」という気持ちが前面に出てきています。

ディズニー　例えば、君が講師で話をする。一回、いい話をした。みんな、「ああ、よかったです」と言って帰る。そして、二度と来なくて、それで終わりになるか、あるいは、「違う面が見えるかもしれない」と思って、新しい感動を得《え》に、またあなたの顔を見に来るか。このへんの違いだよな。

斎藤　なるほど。もう一回、来たいと思うかどうか。

ディズニー　そうそう。だから、「ミッキーが、どれだけのしぐさをするか」というのは大事で、実は、ディズニーランドを閉じたあとの特訓が大変なのよ。

斎藤　特訓ですか。

ディズニー　閉店して、お客様が帰ったあと、みんな、猛《もう》特訓してるのよ。踊りの練習、しぐさの練習を延々とやっていますからね。これが違うのよ。

三宅　徹底した訓練ですか。

ディズニー　そうです。だから、あなたがたは、精舎《しょうじゃ》でもどこでも、講師たちを

〝放《はな》し飼《が》い〟にしたら駄目《だめ》よ。水面下で、徹底的な訓練をやらなきゃ。

失礼な言葉で申し訳ないけど、あんたのところの講師は、「土日だけ来てくれたら、食《く》っていける」と思ってるよ。ほとんど、みんなそうだよ。これを聴《き》いている人に訊《き》いてみたら、そうだと思うよ。土曜、日曜に、だいたい来てくれて、いっぱいになったら、食っていけるようになってるはずだよ。絶対そうなってる。

しかし、例えば、テーマパークみたいなところは、そんなのではもたないわけよ。平日は、みんな、仕事をしてるはずなのよ。仕事をしているはずの平日に来させなきゃいけないのよ！（机を叩く）

斎藤　なるほど。

お客様が帰ったあと、みんな、

猛《もう》特訓してるのよ。

踊りの練習、しぐさの練習を延々と

やっていますからね。これが違うのよ。

水面下で、徹底的な訓練を

やらなきゃ。

Walt Disney

ディズニー　映画館だって、普通《ふつう》、土日は来るけど、平日は来ない。平日は来ない映画館に、平日、来させる。これが違いなんだよ！（机を叩く）

平日に来させる映画をつくれたら、何でもいいから、とにかく言い訳をつくって、来るよ。早引き。病気。暑いので、ちょっと休憩《きゅうけい》。出張。あるいは、営業に出ているなら、お客さんがいなくて会えなかったので、時間潰《つぶ》しをする。五時からあと、彼女とデートをする……。何でもいいけど、平日に来させる。これが力ね。

精舎でも、平日に人を呼べない精舎がほとんどだろうと思うけど、これでは、ディズニーランドに絶対敵《かな》わない。

ディズニーランドは、土日だけ行ったら、みんな行列になって、全然、何《なん》にもアトラクションを楽しめないで、終わっちゃう。まあ、土日に集中するのはしかたがないけどもね。それはそうだけど、やっぱり、「平日に休んででも、行きたくさせる」「有給休暇《きゅうか》をいっぱいいっぱい取らせてでも、来させる」、まあ、このへんね。

あとは、職業を辞めて、次の職業に就《つ》くまでブラブラしてる人を集める。学生で、勉強するのが嫌になった人たちを呼び寄せる。失恋《しつれん》して苦しんでる人をディズニーランドに呼び寄せる。まあ、そんな感じね。分かるかな。

人生のオアシスにしなきゃいけないわけよ。

斎藤　なるほど。

8 あの世での役割について

★ジョブズは「技術者」、ディズニーは「イマジネーションの大家《たいか》」

斎藤　最後に、霊界《れいかい》の秘密について、少し踏《ふ》み込ませていただきたいと思います。

ディズニー　ああ、ああ。

三宅　先ほどから、「魔法」という言葉が何度も出てきていますけれども、一時期、ピクサー※でＣＥＯ（最高経営責任者）をされていたスティーブ・ジョブズさんと、もしかしたら、ご縁《えん》があるのかなと思ったのですが、いかがでしょうか。

ディズニー　ちょっとだけ違《ちが》うかな。向こうは、本格的な技術者というか、研究系だから、ちょっとだけ違う。

　私は技術者というわけではない。私は、技術者というよりは、クリエイターであり、やっぱり、イマジネーションの大家《たいか》だな。そちらのほうだから。

　彼も、当然、心に絵を描《か》いて、やってるとは思うけど、機械のほうが中心だよな。ものづくりだから、まあ、この世のものづくりのほうへ

『スティーブ・ジョブズ　衝撃の復活』
スティーブ・ジョブズの霊言を
2012年1月11日に収録。

※アメリカの映像制作会社。2006年、ウォルト・ディズニー・カンパニーに買収され、その子会社になった。

のインスピレーションが大事なんだろうと思う。
私のほうは、どちらかと言うと、やっぱり、「心の力」のほうをもっと多く使ってると思いますね。

斎藤　心の力ですか。

ディズニー　だから、ああいう製品の性能で人を呼ぶっていうのとは、ちょっと違うのよね。
ディズニーのほうは、完全に、ソフトというか、何というかな。ハードじゃない。まあ、ハードも使ってるけども、シンデレラ城も一回見たら、分かるわね。だから、「ソフトのほうの戦い」が基本で、ハードはそれを支えてる部分なので、まあ、私はイマジネーションの大家だね。

★オフェアリス神《しん》やヘルメス神と関係がある？

ディズニー　「霊界は、念《おも》いが実現する世界だ」と聞いてるね？　だけど、人によって、その念いの使い方の自由度に、差はあるわけね。

つまり、知らない人は、なすがままなのよ。なすがままの自分で、霊界でも生きてるのよ。だけど、「念いで、いろんな表現ができて、いろんなことが可能である」っていうことを知ってる人にとっては、まさしく神の業《わざ》を手に入れたのと同じなわけよ。まあ、そういう感じね。

だから、「私は、本当は、大川隆法さんの片腕《かたうで》になれるような人間だ」と、自

「念《おも》いで、いろんな表現ができて、
いろんなことが可能である」
っていうことを知ってる人にとっては、
まさしく
神の業《わざ》を手に入れたのと
同じなわけよ。

Walt Disney

分では思ってる。

斎藤　大川隆法総裁の片腕というふうに……。

ディズニー　片腕になれると思います。

斎藤　そのようにおっしゃいましたが、ずばり訊《き》いていいですか。

ディズニー　ああ。

斎藤　大川隆法総裁の過去世《かこぜ》のなかには、※オフェアリス神《しん》という方がいらっしゃいます。

※六千数百年前のギリシャに生まれ、当時、ギリシャの支配圏に入っていたエジプトへ行き、王になった。エジプトの神話では、「オシリス」と呼ばれている。地球の至高神エル・カンターレの分身の一人。

ディズニー　うんうん。

斎藤　古代ギリシャで、魔法というか、神秘の力を使われた方です。オフェアリス神のあとは、※ヘルメス神として生まれられたのですが、こうした神々とのご関係は、どうなのでしょうか。

ディズニー　まあ、神秘の力には関係があるよね。

斎藤　はい。

ディズニー　うん。関係ある。関係ある。関係あると思うね。

※四千三百年前のギリシャに実在した英雄。「愛」と「発展」の教えを説き、全ギリシャに繁栄をもたらし、西洋文明の源流となった。オフェアリスと同様、エル・カンターレの分身の一人。

君ね、宗教のいちばんの魅力《みりょく》は、神秘の力よ。

斎藤　神秘の力。はい。

ディズニー　やっぱり、この世にありえない神秘の力や奇跡《きせき》だろ？

斎藤　はいはい。

ディズニー　これだろ？　神秘の力、奇跡は、ある意味では、それをブレイクダウンしていけば、「ディズニーランドの秘密」になっていくわけよ。宗教だったら、本当は、結論に飛んで、奇跡まで起きちゃって構《かま》わないわけよ。神秘的にね。プロセスの説明抜《ぬ》きで飛んじゃっても構わないところを、私たちは、一応、人間の力を通じてやってはいるけどもね。

だから、奇跡だよ。奇跡、神秘。これを人間の業《わざ》で実現してみせるところがディズニーで、そこに集まってる人たちは平凡《へいぼん》な人たちではあるけれども、その平凡な人たちを修業によって〝魔法使いの弟子〟に変えていくところが、その力だな。

そういう意味では、一応、幸福の科学も、宗教界のなかで、いろんな力を持っていると思うけれども、その厳格《げんかく》な教えのほうとは、そんなに関係はないかもしれないけれども、そういう神秘的な力のほうには、私も関係があると思っております。

★天地創造、宇宙創造の具体化にかかわったディズニーの魂《たましい》

斎藤　なるほど。「これを訊いたら、どうなのかな」と遠慮《えんりょ》もあるのですが、世界のディズニーファンの代表の一人として、お訊きします。

過去の人類史のなかで、いろいろなところでお生まれになっていると思いますが、ずばり、過去、どのような転生《てんしょう》をされてきたのでしょうか。

ディズニー　まあ、キリスト教では、過去世はないことになってるから。

斎藤　そこを何とか、一つ、感動を与《あた》えてください。

ディズニー　ああ、まあ……。

斎藤　ぜひ。

ディズニー　まあ、あの……。

斎藤　一つだけヒントを。

ディズニー　やっぱり、天地創造なんかのときには、私みたいな人が協力してなきゃいけないでしょうねえ。そういう創造をするときには、私みたいな人が必要でしょうねえ。

斎藤　天地創造をするとき？　先ほど、魚の話も出てきましたが、いろいろな種類の……。

ディズニー　ええ。神様が「いろんな生物、生き物をつくりたい」と思うときには、やっぱり、私みたいな人がそばにいなければいけないいんじゃないでしょうかねえ。

斎藤　なるほど。

ディズニー　そういうお手伝いをしなければ。

斎藤　かなり根源的なお仕事ですね。

ディズニー　そうですね。宇宙人だって、やっぱり、宇宙人の姿をスケッチできる人間がいなきゃいけないでしょう。「こんな宇宙人がいたらいいね」という気持ちがあれば、そういう宇宙人が出来上がってきますよね。

斎藤　いやあ、すごい秘密がどんどん出てきているんですけど。

ディズニー　そういう意味で、※エル・カンターレの天地創造、宇宙創造の具体化に、私《わたくし》はかかわったことがあるということは……。

※エル・カンターレとは、地球の至高神。その名は「うるわしき光の国・地球」という意味である。仏教、キリスト教、イスラム教などの生みの親である。

斎藤　エル・カンターレの創造のときにかかわった？

ディズニー　うーん。そう。そうそうそう。

斎藤　そういう魂《たましい》であるのが、ウォルト・ディズニー様ですか。

ディズニー　そうです。まあ、全部とは言わないよ。

斎藤　はい。

ディズニー　ハハハ。もちろん、全部じゃないけども、少なくとも、「宇宙人のキャラクターぐらいをつくるのは、手伝った記憶《きおく》がある」ということは言えるね。

斎藤　なるほど。

ディズニー　君は、「人間として何に生まれたか」を訊きたい？

斎藤　はい。

ディズニー　人間としては、そうだねえ、〝シンデレラ〟に生まれたことがあったね。エへへへへへへへ。

斎藤　いやいや、いやいや。

ディズニー　いや、過去世は〝ネズミ〟かもしれないな。〝ネズミの王様〟なんじゃないかな。うーん。

斎藤　この神秘については、幸福の科学としても、さらに探究を続けたいと思います。

★無神論・唯物論《ゆいぶつろん》の国家も、ディズニーランドの魅力《みりょく》には勝てない

ディズニー　まあ、でも、君ねえ、ディズニーと縁《えん》ができたっていうことは、幸

福の科学の偉大《いだい》なる発展を意味しますよ。

斎藤　ありがとうございます。

ディズニー　これは、もう、世界共通ですから。君たちを信じない無神論・唯物《ゆいぶつ》論《ろん》の国家でも、ディズニーランドには勝てないんだから。この魅力《みりょく》を破《やぶ》れないから。

君たちは、宗教の力で破れない場合は、〝魔法の力〟で破りなさいよ。（手繰《たぐ》り寄せるしぐさをしながら）ディズニーのファンにするかたちで、幸福の科学に引きずり込んでくるんですよ。

斎藤　（笑）何となく、そのへんは、また……（笑）。はい。

ディズニー　分かるかなあ。

斎藤　ヒントにさせていただきます。

三宅　私たちは、これから新文明創造を成し遂《と》げていかなければならないので……。

ディズニー　面白くなきゃいけないよ。

三宅　面白くですね。ええ（笑）。

ディズニー　ちょっと、面白くいこうよ。

三宅　感動を与えながらですね。

ディズニー　（斎藤に）お父さん、たまに演技したって駄目《だめ》よ。日頃から考えないと。

斎藤　日頃から訓練をしなければならないということを、肝《きも》に銘《めい》じます。

ディズニー　ええ。もうちょっと考えてくださいね。

斎藤　今日は、ありがとうございました。

ディズニー　はい、ありがとうございました。

斎藤・三宅　ありがとうございました。

9 ウォルト・ディズニーの霊言《れいげん》を終えて

大川隆法　研修に使えますでしょうか。何となく、秘密の一端《いったん》が分かったような気がします。

当会も、職員教育を頑張《がんば》らないといけませんね。陰《かげ》には、そうとうの修業《しゅぎょう》があるようです。厳しいインストラクターが教育しているようですね。

ミッキーの道にも、きっと、「達人の道」があるのでしょう。ミッキーをやっている人が何人かいるのでしょうが、やはりレベルに差があり、〝達人ミッキー〟が〝未熟なミッキー〟を鍛《きた》えているのでしょう。きっとそうだと思います。そして、ミッキーになれない人は、ほかの着ぐるみに入って、やっているのでしょうね。

人を喜ばせる仕事をしている人は、実は、そのために厳しい修業をしているわけです。その意味では、宗教にも通じるものがあるかもしれませんね。

参考にしたいと思います。また、反省すべき点もあったかと思います。

ありがとうございました。

斎藤・三宅　ありがとうございました。

あとがき

ディズニーランドは、とにかく不況に強い。他のテーマパークが次々と閉鎖に追い込まれても、ディズニーは毎年百億円単位の新規投資を続けている。

その集客力の魔力は驚くべきものがある。北朝鮮の二代目、故・金正日《キムジョンイル》氏の長男の金正男《キムジョンナム》氏が、東京ディズニーランド見たさに、不法入国して強制送還された事件も記憶に遠くない。イデオロギーや敵・味方の違いを超えた「引きつけ能力」があるのだ。

「創業の理念」というものは、これほどまでに力があるのだ。東京では人気店は順番待ち、売切れ続出が常だ。近所の店はガラガラでもだ。ビジネスや創作で成功したければ、ぜひともウォルト・ディズニーに学ぶべきだ。
霊界のダンス関係者によれば、元ミッキー役をやったといわれる人の踊りは、舌を巻くほどのうまさだ。お客様には笑顔しかみせない。しかし陰では汗を流して苦しい特訓を続けている。「夢と魔法の国」のつくり方は、人生そのものにあまりにも似ている。

二〇一四年　二月二十五日

幸福《こうふく》の科学《かがく》グループ創始者兼総裁《そうししゃけんそうさい》　大川隆法《おおかわりゅうほう》

『ウォルト・ディズニー「感動を与える魔法」の秘密』大川隆法著作関連書籍

『公開霊言 スティーブ・ジョブズ 衝撃の復活』（幸福の科学出版刊）

ウォルト・ディズニー
「感動《かんどう》を与《あた》える魔法《まほう》」の秘密《ひみつ》

2014年3月18日　初版第1刷

著　者　　大《おお》川《かわ》隆《りゅう》法《ほう》

発行所　　幸福の科学出版株式会社

〒107-0052 東京都港区赤坂2丁目10番14号
TEL(03)5573-7700
http://www.irhpress.co.jp/

印刷・製本　株式会社 堀内印刷所

落丁・乱丁本はおとりかえいたします

ISBN978-4-86395-447-2 C0030

photo : Time & Life Pictures/Getty Images、時事、ロイター／アフロ、
Getty Images、時事通信フォト

大川隆法 霊言シリーズ・大ヒットの秘密を探る

魅せる技術
女優・菅野美穂
守護霊メッセージ

どんな役も変幻自在に演じる演技派女優・菅野美穂。人を惹きつける秘訣や堺雅人との結婚秘話など、その知られざる素顔を守護霊が明かす。

1,400円

堺雅人の守護霊が語る 誰も知らない「人気絶頂男の秘密」

個性的な脇役から空前の大ヒットドラマの主役への躍進。いま話題の人気俳優・堺雅人の素顔に迫る110分間の守護霊インタビュー！

1,400円

AKB48 ヒットの秘密
マーケティングの天才・
秋元康に学ぶ

放送作家、作詞家、音楽プロデューサー。30年以上の長きに渡り、芸能界で成功し続ける秘密はどこにあるのか。前田敦子守護霊の言葉も収録。

1,400円

※表示価格は本体価格（税別）です。

大川隆法 霊言シリーズ・最新刊

日本よ、国家たれ! 元台湾総統 李登輝《りとうき》守護霊 魂のメッセージ

「歴史の生き証人」李登輝・元台湾総統の守護霊が、「日本統治時代の真実」と「先の大戦の真相」を激白! その熱きメッセージをすべての日本人に。

1,400円

NHK新会長・籾井勝人《もみいかつと》守護霊 本音トーク・スペシャル タブーにすべてお答えする

「NHKからマスコミ改革の狼煙《のろし》を上げたい!」いま話題の新会長が公共放送の問題点に斬り込み、テレビでは言えない本音を語る。

1,400円

守護霊インタビュー 朴槿恵《パククネ》韓国大統領 なぜ、私は「反日」なのか

従軍慰安婦問題、安重根記念館、告げ口外交。なぜ朴槿恵大統領は反日・親中路線を強めるのか? 隠された本心と驚愕の魂のルーツが明らかに!

1,500円

幸福の科学グループのご案内

宗教、教育、政治、出版などの活動を通じて、地球的ユートピアの実現を目指しています。

宗教法人　幸福の科学

一九八六年に立宗。一九九一年に宗教法人格を取得。信仰の対象は、地球系霊団の最高大霊、主エル・カンターレ。世界百カ国以上の国々に信者を持ち、全人類救済という尊い使命のもと、信者は、「愛」と「悟り」と「ユートピア建設」の教えの実践、伝道に励んでいます。

（二〇一四年三月現在）

愛

幸福の科学の「愛」とは、与える愛です。これは、仏教の慈悲《じひ》や布施《ふせ》の精神と同じことです。信者は、仏法真理をお伝えすることを通して、多くの方に幸福な人生を送っていただくための活動に励んでいます。

悟り

「悟り」とは、自らが仏の子であることを知るということです。教学《きょうがく》や精神統一によって心を磨き、智慧《ちえ》を得て悩みを解決すると共に、天使・菩薩《ぼさつ》の境地を目指し、より多くの人を救える力を身につけていきます。

ユートピア建設

私たち人間は、地上に理想世界を建設するという尊い使命を持って生まれてきています。社会の悪を押しとどめ、善を推し進めるために、信者はさまざまな活動に積極的に参加しています。

海外支援・災害支援

国内外の世界で貧困や災害、心の病で苦しんでいる人々に対しては、現地メンバーや支援団体と連携して、物心両面にわたり、あらゆる手段で手を差し伸べています。

自殺を減らそうキャンペーン

年間約３万人の自殺者を減らすため、全国各地で街頭キャンペーンを展開しています。

公式サイト www.withyou-hs.net

ヘレンの会

ヘレン・ケラーを理想として活動する、ハンディキャップを持つ方とボランティアの会です。視聴覚障害者、肢体不自由な方々に仏法真理を学んでいただくための、さまざまなサポートをしています。

公式サイト www.helen-hs.net

教育

学校法人 幸福の科学学園

学校法人 幸福の科学学園は、幸福の科学の教育理念のもとにつくられた教育機関です。人間にとって最も大切な宗教教育の導入を通じて精神性を高めながら、ユートピア建設に貢献する人材輩出を目指しています。

幸福の科学学園

中学校・高等学校（那須本校）

2010年4月開校・栃木県那須郡（男女共学・全寮制）

TEL **0287-75-7777**

公式サイト **happy-science.ac.jp**

関西中学校・高等学校（関西校）

2013年4月開校・滋賀県大津市（男女共学・寮及び通学）

TEL **077-573-7774**

公式サイト **kansai.happy-science.ac.jp**

幸福の科学大学（仮称・設置認可申請予定）

2015年開学予定

TEL **03-6277-7248**（幸福の科学 大学準備室）

公式サイト **university.happy-science.jp**

仏法真理塾「サクセスNo.1」 TEL **03-5750-0747**（東京本校）

小・中・高校生が、信仰教育を基礎にしながら、「勉強も『心の修行』」と考えて学んでいます。

不登校児支援スクール「ネバー・マインド」 TEL **03-5750-1741**

心の面からのアプローチを重視して、不登校の子供たちを支援しています。
また、障害児支援の **「ユー・アー・エンゼル！」** 運動も行っています。

エンゼルプランV TEL **03-5750-0757**

幼少時からの心の教育を大切にして、信仰をベースにした幼児教育を行っています。

シニア・プラン21 TEL **03-6384-0778**

希望に満ちた生涯現役人生のために、年齢を問わず、多くの方が学んでいます。

NPO 活動支援

学校からのいじめ追放を目指し、さまざまな社会提言をしています。また、各地でのシンポジウムや学校への啓発ポスター掲示等に取り組むNPO「いじめから子供を守ろう！ネットワーク」を支援しています。

公式サイト **mamoro.org**

相談窓口 **TEL.03-5719-2170**

ブログ **mamoro.blog86.fc2.com**

政治

幸福実現党

内《ない》憂《ゆう》外《がい》患《かん》の国難に立ち向かうべく、二〇〇九年五月に幸福実現党を立党しました。創立者である大川隆法党総裁の精神的指導のもと、宗教だけでは解決できない問題に取り組み、幸福を具体化するための力になっています。

党員の機関紙
「幸福実現NEWS」

TEL 03-6441-0754
公式サイト hr-party.jp

出版メディア事業

幸福の科学出版

大川隆法総裁の仏法真理の書を中心に、ビジネス、自己啓発、小説など、さまざまなジャンルの書籍・雑誌を出版しています。他にも、映画事業、文学・学術発展のための振興事業、テレビ・ラジオ番組の提供など、幸福の科学文化を広げる事業を行っています。

アー・ユー・ハッピー？
are-you-happy.com

ザ・リバティ
the-liberty.com

幸福の科学出版
TEL 03-5573-7700
公式サイト irhpress.co.jp

THE FACT

ザ・ファクト
マスコミが報道しない
「事実」を世界に伝える
ネット・オピニオン番組

Youtubeにて
随時好評配信中！

ザ・ファクト　検索